New Song ライブラリー

【混声編❷】

クラス合唱新曲集

地球誕生

教育芸術社

合唱の力を信じて

渡瀬昌治

私たちの住む地球には、今、涙があふれています。大規模な自然災害や終わりの見えない紛争に対して、世界の人々が心を痛めています。このような災難が降りかかったとき、歌は心のよりどころとなり、人々の傷ついた心を癒やしてくれます。また、合唱には人の心を一つにする力があります。校内合唱コンクールでは、一人一人が力を合わせてつくり上げる歌声が大切な一生の宝物になっていきます。

今回の曲集では、「人を愛し信じる気持ちを歌った曲」「一歩踏み出す勇気がもらえる曲」「世界の平和を祈る曲」など、メッセージ性の強い曲を取り上げました。また、授業で取り組みやすい混声二部合唱や、上級生の変声期を考慮した混声四部合唱も選曲しました。

これらの曲が、自分の進む道を信じ、前を向いて歩こうという皆さんへの応援歌になることを願っています。

New Song ライブラリー【混声編❷】

クラス合唱新曲集　地球誕生

小さな鳥の 小さな夢

星 梨津子 作詞／佐井孝彰 作曲

メッセージ

小学校５年生の教科書のためにつくった曲を、混声二部合唱に編曲しました。言葉の小さなまとまりと大きなまとまりを意識しながら、のびやかに歌いましょう。伴奏の響きや強弱の変化を感じ取って、それぞれの部分の表現を工夫してください。（佐井孝彰）

一、小さな鳥の
小さな夢
あの丘こえて
遠くへ行《ゆ》きたい

つばさ　広げ
飛んでゆく
風に乗り
空高く

雲がくれた
明日《あす》への鼓動

二、小さな鳥の
緑の羽根
勇気を乗せて
光と羽ばたく

つばさ　広げ
飛んでゆく
あの丘の
向こうまで

空がくれた
明日への希望

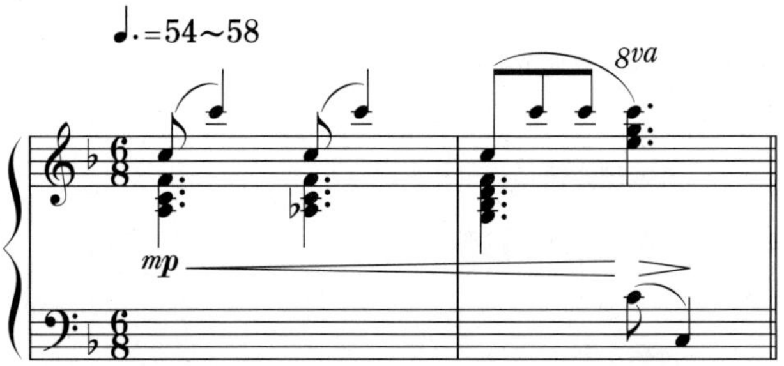

7
mp
あ の お か こ え て と お く へ ゆ き た い ー つば
ゆ う き を の せ て ひ か り と は ば た く ー つば
11
さ ひろげ と ん で ゆ く か ぜ に の り そ ら た か く
さ ひろげ と ん で ゆ く あ の お か の む こ う ま で
cresc.
15
f
mf
く も が く れ た ー あ す へ の こ ど う ー
そ ら が く れ た ー あ す へ の き ぼ う ー

ありがとうの行《ゆ》き先

大越　桂 作詞／佐井孝彰 作曲

メッセージ

前半はおおらかに温かみのある声で歌いましょう。後半では繊細な表現から堂々とした表現へと、幅広い表現が求められます。それぞれの部分の音楽をしっかり感じ取って表現してください。テンポは曲を通して常に一定です。その中での表現の工夫を心がけましょう。皆さん一人一人にとっての大切な人を思い浮かべながら歌ってください。
（佐井孝彰）

ありがとう
ありがとう
一日何度も
ありがとうという
ありがとうの行き先は
あなた

ありがとう
ありがとう
一月《ひとつき》に何度も
ありがとうという
ありがとうの行き先は
あなたたち

ありがとう
ありがとう
一年に何度も
ありがとうという
ありがとうの行き先は
みなさん

みなさんに
会ったことがなくても
みなさんと
話したことがなくても
ありがとうと
ありがとうが
つながる心の一瞬がある

ありがとう
ありがとう
一生に何度も
ありがとうと言おう
ありがとうの行き先は
ありがとうが旅をして
必ずここにもどるとき
みんなと一緒の
幸せがある

ありがとうに
ありがとう

14
mf
は あ なた あ な た
ありがとう
ありが とう ーありが
18
ーありがとう
ありがとう あり が と う
ラララ
とう ありが とう あり が とう ーひとつ きになんども あ
3
22
mp
f
ララララ ありがとう の ゆきさきは あなた た
りがとう という ありがとう のゆきさき は

26
ち
espr.
mp
mf
31
mp
ありが とう ーありが とう ありが とう あり が
mp
Ah
mp
36
mf
とう Ah いち ねんに なんども あ りがとうという あ りがとうの ゆきさき は ー
mf
mp
ありが とう の ゆきさ きは
mf
mp

41
みなさーん
みなさん みなさん みな さん みな さん
45
透き通った声で
みなさん に あったことがなくても
みなさん と はなしたことがなくても
49
ありがとう と ありがとう が つながるこころの いっ
ありがとう と ありがとう が つながる
legato

堂々と，感謝の気持ちをもって
しゅん が あ る ありが とう ーあり が とう いっ
legato
しょう に なんども あ りがとう といおう あ り がとう ーのゆき さ きは
あ り がとう ーのゆき さ き は
ありがとう が たびをして か な らずここに も ど るとき

65
1.
ー　みんな　と　いっしょの　し　あ　わせが　あ　る　ありが
70
2.
unis.
る　ありがとう　に　あ　り　が　と
espr.
74
う
rit.
espr.

世界をかえるために

若松　歓 作詞・作曲

メッセージ

あえて“理想郷”を目指す詩を書きました。若者には理想を追い求め進んでほしい。自分自身のためだけではなく、同じ時間軸を生きる人たちに幸せを与え、世界をも良い方向に変えうる一翼を担うという思いをもってほしい。
（若松　歓）

愛する意味と　生きる意味を
僕たちは　この胸に問いかけてるかい？

ひとりとひとりが手を携えれば
変えられることが　きっとみえる

そうさ　僕らは
限りある時間を旅する仲間だから

この大空を
高く羽ばたいてゆく鳥のように
果てしない
果てしない
果てしない夢　追い続けたい
いつか
わかりあえる世界に変えられる
そう信じて

戦う意味と　守る意味を
僕たちは　この胸に問いかけてるかい？

誰かが築いたこの長い道を
僕たちはさらに　歩み進む

そうさ　僕らは
奇跡のこの星で出《で》逢《あ》えた仲間だから

この大空を
強く飛び越えてゆく風のように
絶えまなく
絶えまなく
絶えまなく　走り続けたい
いつか
わかりあえる世界に変えられる
そう信じて

この大空を
高く羽ばたいてゆく鳥のように
果てしない
果てしない
果てしない夢　追い続けたい
いつか
わかりあえる世界に変えられる
そう信じて
変えられる
そう信じて

8
mp
あいす るいみと い きるい みをー ぼく たちは このむねに とい
mp
mp
11
かけ てるかい? ひ と りとー ひとりがてを たずさえー ればー かえ られる ーことが きっ
Hum.
pp
15
div.
unis.
mf
cresc.
div.
と み え る そ うさ ぼ く らはー か ぎ りあー るじか んをー た
そ うさ ぼ く らはー き せ きのー このほ しでー で
mf
cresc.
mf
cresc.

18
22
25
びする なかま だーか ら ー この *おお ぞらを
あえた なかま だーか ら ー この おお ぞらを
f
たかく はばたいて ゆくー とりの ように ー はて
つよく とびこえて ゆくー かぜの ように ー たえ
しないー はて しないー はて しないー ゆめおいつ
まなくー たえ まなくー たえ まなくー はしりつづ
はてしない ー ー はてしない ー はて しないー
たえまなく ー ー たえまなく ー たえ まなくー

1回目 女声ソロで
2回目 男声ソロで
3回目 女声・男声
それぞれのソロで
solo
mp
tutti
いつ か わかり あえーるせか ーいに ー ー かえ
28
づ けたい
け たーい
Ah かえ
Ah かえ
31
1.
unis.
られる そうしんじ て ー たたか ういみと ま
られる そうしんじ て ー
35
div.
Oh
もるいみをー ぼく たちは このむねに とい か け てるかい?
Oh
だ れ かがー きずいたこの
pp

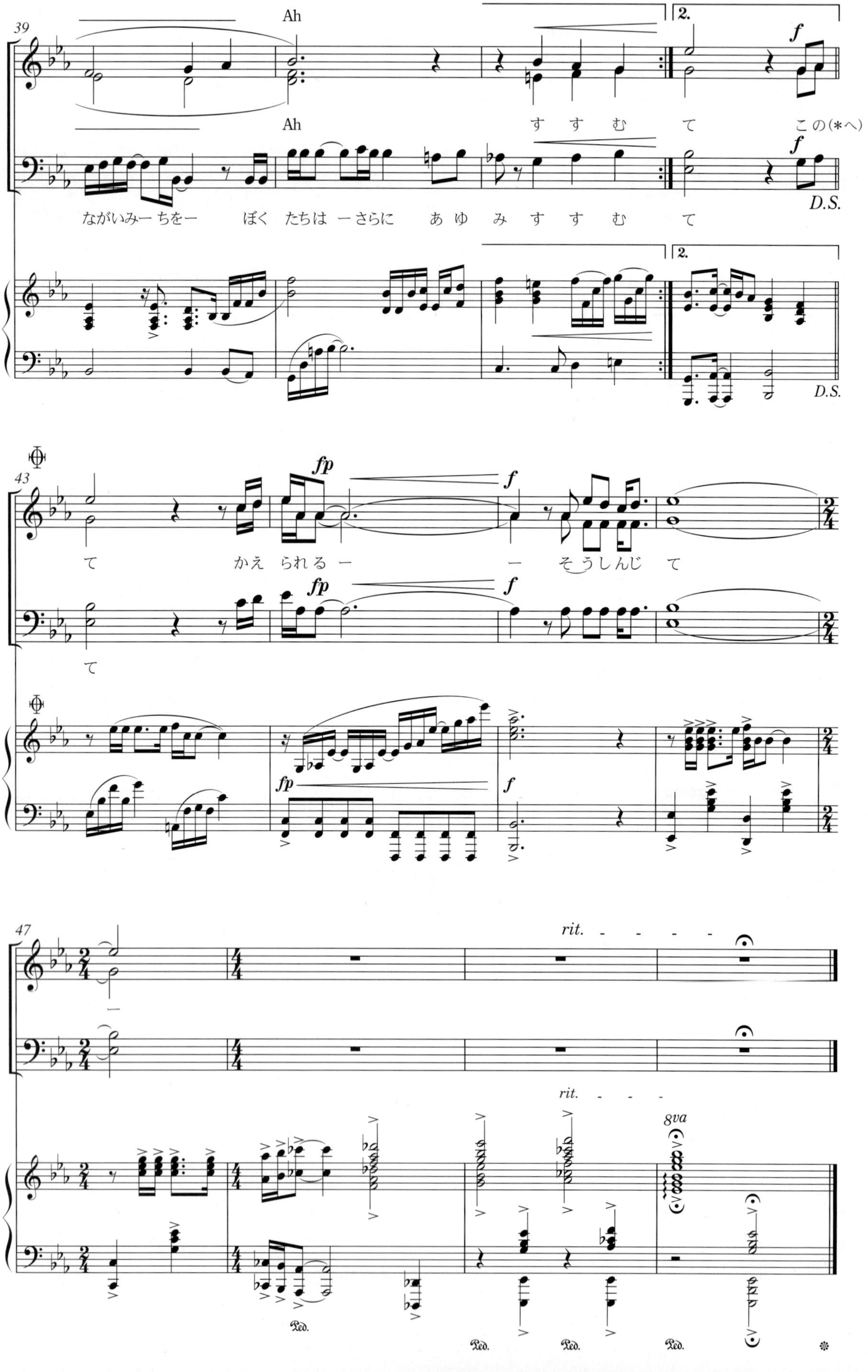
39
Ah
2.
f
Ah
すすむ て この(*へ)
ながいみー ちをー ぼく たちは ーさらに あゆ み す す む て
D.S.
43
fp
f
て かえ られる ー ー そうしんじ て
て
47
rit.
8va
Ped.

もうすぐ春

若松　歓 作詞・作曲

メッセージ

私たちは、人生において出逢いと別れを必ず繰り返し経験します。そしてその度に人間として大きく成長していきます。出逢いは喜び・希望、別れは悲しみ。そしてまた、別れは新たな旅立ち・出逢いの始まりでもあります。

（若松　歓）

冷たい風が　吹き抜けてゆく
あなたはまぶたを　少し細める

季節はまた巡って　もうすぐ春がくるね
いつの間にか　互いの夢を
僕たちは描《えが》いていた

笑ったことも　悲しいことでも
あなたと分かち合った　眩《まぶ》しかった日々
それぞれの道を歩き始めるのは　せつないけど
思い出を胸に　振り向きはしない

煌《きら》めく雪が　僕らを包む
心の中まで　白く染まるよ

人は触れ合えるから　涙を流せるんだね
人はみな　出逢《であ》いと別れ
繰り返し強くなれる

笑ったことも　悲しいことでも
あなたと分かち合った　眩しかった日々
この雪が溶けて　桜の花びらが舞うころに
きっと思えるよ　明日《あす》へふみだすと

あなたも僕も　誰かを愛して
幸せになれる様に　走り続けて
そしていつの日か　再び出逢えたら
その時は
あふれる笑顔で　語り合えるだろう
あふれる笑顔で　語り合えるだろう

つめたいーかぜがー
ふきぬけーてゆくー
あなたはーまぶたを
すこしほーそめるー
Uh
Uh
もうすぐーはるが
なみだをーながせ
きせつはーまためぐーってー
ひとはふーれあえるからー
cresc.
Ped.

19
mf
く　る ね ー　　いつ の ま に か ー　　た が　い の ー ゆ め を　　ぼ
るん　だ ね ー　　ひ と　は ー み な ー　　で あ　い と ー わ か れ　　く
mf
mf
22
く　　たちは　　え　が　い　て　い　た
り　　かえし　　つ　よ　く　な　れ　る
26
f
わ ら ーっ た ー こ と も　ー　　か な し い ー こ と で　も
わ ら ーっ た ー こ と も　ー　　か な し い ー こ と で　も
f
f

30
あなたとーわかち あ ーった まぶしかーったひび ー (La La La)
あなたとーわかち あ ーった まぶしかーったひび ー (La La La)
34
それぞれーのみち を あるきはじめ るのは せつ ない けどー
このゆきーがとけ て さくらのは な びらが まう こ ろにー
(V)
38
おもいでーをむね に ふりむきは し ない ー
きっとおーもえる よ あすへふみ
mf

Uh
Uh
きらめくーゆきが　ー
ぼくらをーつつむ　ー
8va
こころのーなかま　で
しろくそーまるよ　ー
Uh
Uh
D.S.
D.S.
Coda
Coda
だ　すと
あなたもーぼくも　ー

53
だ れ か を ー あ い し　て
し あ わ せ ー に な れ　る　よ う に
57
は し り つ ー づ け て　ー (La La La)
そ し て い ー つ の ひ　か　ふ た た び で
61
あ　え た ら　そ の　と　き は ー
あ ふ れ る ー え が お　で　か た り あ え

65
る　だろう　あふれるーえがお　で　かたりあえ
69
る　だろう　ー
8va
72
(8va)
rit.
8va
Ped.

ぼくは ぼく

工藤直子 作詞／三宅悠太 作曲

メッセージ

動植物や昆虫たち、海や空、風…この世のさまざまなものたちが主人公となって描かれていく、工藤直子さんの『のはらうた』シリーズ。今回の主人公は、「からすえいぞう」くんです。歌に気持ちをのせて、深い表現で歌い上げてください。 （三宅悠太）

ぼくは ぼく

からすえいぞう

ときどき　ぼくは
ほんのすこし
いろつきの　はねが　ほしいな　と
おもったりする
ほんのすこし
いいこえで　うたえたらな　と
おもったりもする

でも
これが　ぼくだ　と
とんでいく

『のはらうたⅣ』（童話屋）所収

9
の　すこし　いろ　つきの　はね　が　ほしい　ーな
13
と　おもっ　たり　ー　す　る　ほ　ん　の
mp
ほ　んの　すこ
ほんの　すこ　し　ぼくは　い　い　こえ　ー
17
す　こ　し　ほ んの　す こ　し　す こ　し　い　い　こ　え
mf
し　ほん　の　す　こ　し　い　い　こ　え

で　うたえたら　なとー
21
でこえで　Uh　おもったりもする
で　うたえたら　なとー
25
f
でもーこれがぼくだと　これがぼくだと
f
ぼくだと
f
29
とんでいく　Ah
mf
これがぼくだと
とんでいく　Ah
mf
mf

33
riten.
a tempo
rit. - - molto -
とんで い く
ー
riten.
a tempo
(sosten.- -)
rit. - - molto - -
mp
poco f
p

風が吹く丘に〈混声三部版〉

山崎朋子 作詞・作曲

メッセージ

命には限りがある。その命を悔いのないよう生きていこう。これがこの曲のメッセージです。混声四部合唱の原曲を、混声三部にアレンジしました。主旋律を感じながら歌詞を大事に歌ってくだされば幸せです。（山崎朋子）

風が吹く丘に
流れる雲　音も立てず
時は過ぎてゆく

風は澄み渡り
青い空に溶ける
百年後も変わることない
この空の青さ
命が生まれて
そしていつか消えてゆく

私も星になって
地球を照らす
光になるだろう

永遠と呼べるものはないから
だからその一瞬に輝きあふれる
出会えた喜びを忘れないように
ずっと心の奥に
しまっておこう

風が吹く丘に
静かにたたずむ
今日が終わる
新しい明日《あす》を迎えるため
風が吹く丘に

a tempo
11
unis. f
かぜがふくおか　に
かぜがふくおか　に
f
a tempo
f
15
div.
ながれるくも
おともたてず
ときはすぎてゆく　ー
19
あおいそら　に　ーと　ける　ー
かぜはすみわた　り
あおいそらにと　ける　ー

ひゃくねんごも　かわることない　このそらのあお　さ
Uh　Uh　Uh　Uh　このそらのあお　さ　い
mp
mf わ
の　ちが　うまれ　て　そし　て　い　つ　かき　え　てゆく
mp
た　しも　ほし　に　なーって
cresc.
Uh　なーっ　て　ちきゅうを　てら　す
て　ら
mf

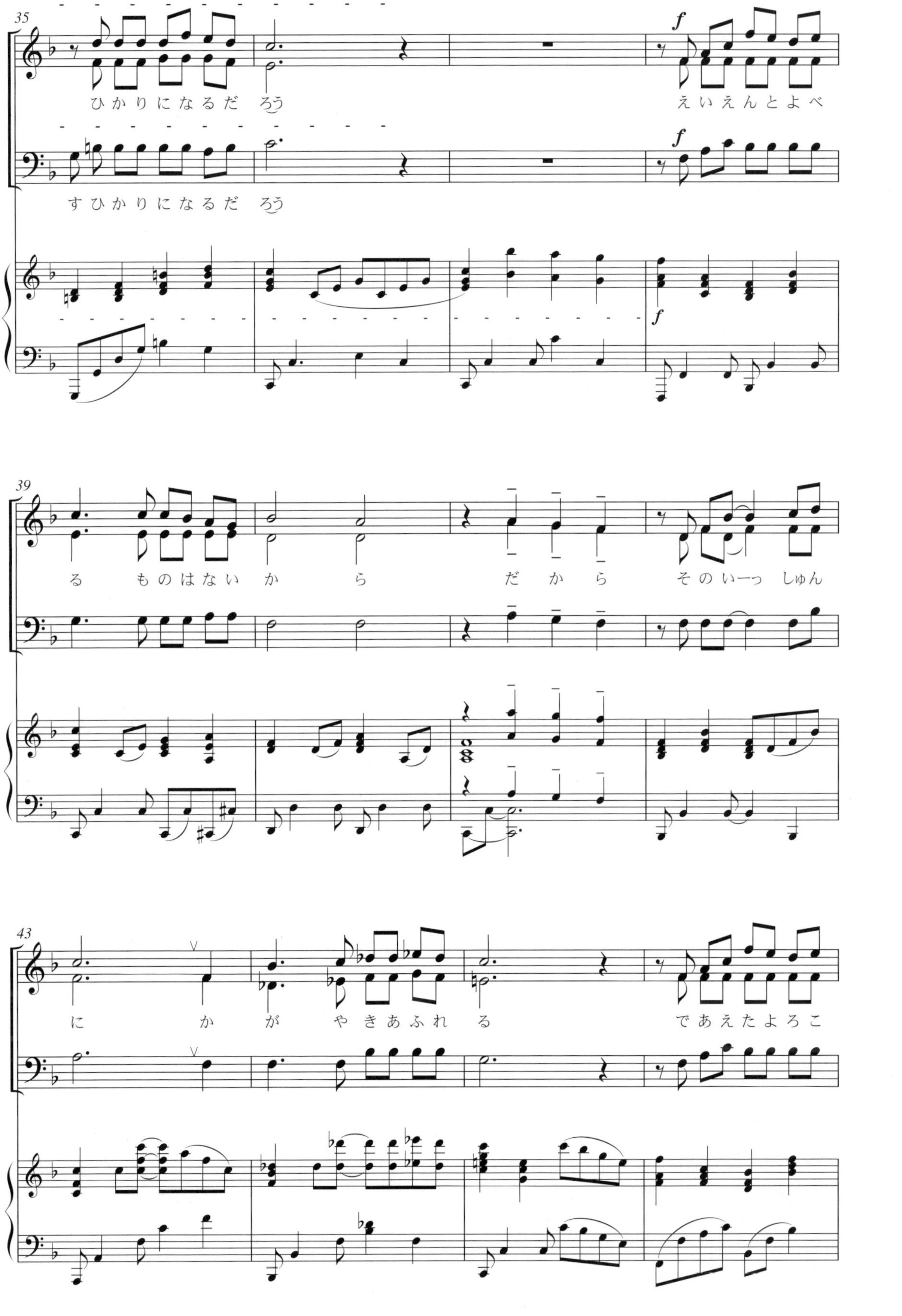
35
ひかりになるだ ろう
えいえんとよべ
すひかりになるだ ろう
39
る ものはない か ら
だ か ら そのいーっ しゅん
43
に か が やきあふれ る
であえたよろこ

47
びを わすれない よう に ず ーっ と
50
こころのおくに しまーって お こ う ー
こころの
Uh
54
p
mp
かぜがふくおか に しずかにたたず む
mp
mp

58
mp
きょうがおわる
きょうがおわる
あたらしいあす をむかえる
62
rit.
dim.
♩=74
unis. mp
ーため
かぜがふくおか
mp
かぜがふくおか に
66
dim.
div.
p
rit.
に Uh Ah
ー
8va
pp

会いたい

山崎朋子 作詞・作曲

メッセージ

この曲は大きな意味でのラブソングとして書きました。人生には自然災害など、さまざまな出来事で当たり前のように隣にいる人に会えなくなることがあります。そんなとき、支えられてきた人に会いたいという気持ちや人を想う気持ちを歌詞に込めました。　（山崎朋子）

一、夕焼け雲が　空に広がる
いつものように　君に手をふる
白く儚《はかな》い月は　浮かんで消える
夜を越えたら　新しい朝が来る
会いたい　君の笑顔に
会いたい　明日《あした》の僕らに会いたい

二、青く果てない　空を見つめる
遠く離れた　想《おも》いたぐって
白く儚い風を　深く吸い込む
あふれる涙　悲しみも溶けていく
会いたい　あの日の空に
会いたい　あの日の僕らに会いたい
優しい言葉　大事な何か　守るために生きてるんだ
希望を願い　想いを明日に届けて
会いたい　君の笑顔に
会いたい　明日の僕らに会いたい

＊（　）内の小音符は２番のときのみ。ソプラノ，アルトも１番は主旋律を歌い，２番は分かれて歌う。

＊＊ソプラノの２番のとき

い く
21
＊＊
るを こえたらーあ た らしい あ さがー く る あいたい
ふれ るなみだーか な しみも と けてー い く あいたい
25
ー あいたい ー きみ の ーえがおに ー あいたい
ー あいたい ー あの ひ ーのそらに ー あいたい
29
1.
ー あした の ーぼくら に あいた い
ー あのひ の ーぼくら に あいた
1.

33
2.
mf
mp
2 あ　い　や
dim.
37
さ し い ことー ば　だ　い じ な なにー か　ま　も る た めにー い き て
40
ff
る　ん だ　き　ぼ う を ねがー い　お　も い を あしー たにー と

43
mf
どけてー　とどけてー　ー　あいたい　ー　あいたい
mf
mf
47
Uh
cresc.
ー　きみの　ーえがおに　ー　あいたい　ー　あした
cresc.
cresc.
51
f
のーぼくらに　あいたい　あいたいー
f
あいたい　ー　あいたい
f

55
mf
あ い たいー Uh
ー き み の ー え が お に ー ーーー あ い たい
58
f
あ い たいー あ し た の ー あ い た い
ー あ し た の ーぼ く ら に あ い た い
dim.
62
rit.
rit.
p

空は今

山崎朋子 作詞・作曲

メッセージ

縁あって長崎県の先生がたと出会いました。この曲は長崎県のために書いたものです。原爆投下から70年余り。忘れてはいけないことがあります。空が曇り、暗くて何も見えないときがあっても、必ず晴れる日がきます。希望をもって未来を切り拓《ひら》くのは皆さんです。（山崎朋子）

空は今　何色ですか
あの日と同じように
空は今　青いですか
はてなく　透きとおるように

風の中で　時は流れ
時代が流れてゆく
その中で　生まれた私たちにできること
新しい時代に　命をつないでいくこと

※
ここで生きているんだ
ここで生きていくんだ
希望が　明日《あした》を照らしている　今

明けない夜　やまない雨
そんな日もあるけれど
いつの日か陽《ひ》は射《さ》す　地球は生きているから
新しい明日を　未来と呼べる日はくるよ

ここで生きているんだ
ここで生きていくんだ
太陽《ひかり》が　地球を照らしている

※繰り返し

空は今　何色ですか
あの日と同じように
空は今　青いですか
はてなく　透きとおるように

9
div.
unis.
ま あおいですか はてな くすきとおるように
13
mp
17
mp
かぜのなかでー ときはながれー じだいが ながれてゆくー
あけないよるー やまないあめー そんなひ もあるけれどー
mp

21
cresc.
そ の な か でー　う ま れ た　わ　た し たー ち に で き る　こ と　ー　あ
い つ の ひ かー　ひ は さ す　ち　きゅう はー い き て い る　か ら　ー　あ
cresc.
25
div.
た　ら し い　じ　だ　い　に い の ち　を つ な い で　い　く ことー
た　ら し い　あ　し　た　を み ら い　と よ べ る ひ　は　く るよー
cresc.
29
f
こ　こ　で　い き て い る んだー　こ　こ　で　い き て い く んだー
f
こ こ で　い き て い る んだー　こ こ で　い き て い く んだー
f

33
1.
unis.
きぼうが　あしたを　てらしてーいるー　いま
ひかりが　ちきゅうを　てらしてーいる
きぼうが　あしたをー
ひかりが　ちきゅうをー
1.
38
2.
ー　ここで　いきているんだー　ここで
ここで　いきているんだー　ここで
2.
42
いきていくんだー　きぼうが　あしたを　てらしてーいる
いきていくんだー　きぼうが　あしたをー　てらしてーいる

46
そ　らのいろ　は　あおいです
mf
ー　い　ま　そ　ら　は　あおいです
mf
ー　そらはい　ま　なにいろで　すか　あのひ　と　おなじよう
mf
rit.
か　い　ま　あおいです　か　はてな　くすきとおるよう
50
か　い　ま　そ　ら　すきとおるよう
に　そらはい　ま　あおいです　か　はてな　くすきとおるよう
rit.
♩≒88
54
に
rit.
に
に
♩≒88
rit.
8va
dim.
p
pp

時の中で

フルリーナ 作詞／富澤　裕 作曲

メッセージ

小さなきっかけで何かに気付くことがある。だから、転ぶことも迷うことも恐れてはいけない。きっとそこから何かが得られると信じ、常に前向きであれ、という詩のメッセージ。ガシッと受け止めてほしいと願っています。

（富澤　裕）

道に迷い彷徨《さまよ》って　ふと見上げた青空に
さえずりながら小鳥たち　楽しそうに飛んでいる
どんなことにも捉われず　輝きながら光を浴びて
君が君であることを　歓《よろこ》び歌い生きている
僕は恐れ迷いながら　何を探しているのだろう
僕が僕であることの　意味を自分に問いながら

転んだ僕の手の下に　小さな花が咲いていた
倒れた花は僕の手を　心配そうに見つめてた
ちぎれた君の花びらは　そっと僕の傷口に
ふれて包んで微笑《ほほえ》んだ　自分を赤く染めながら
僕は君と出逢《であ》うために　転んだのかもしれないね
君の優しさ知るために　傷を負ったのかもしれないね

恐れ迷い転んでも　今はきっとそれでいい
君が君であることが　僕が僕であることが
それが　なにより大切なこと
君が君を生きることが　僕が僕を生きることが
それが　なによりすてきなこと
生きる　僕を　生きる　君を
僕らは　今　時の中で

※ 左手は以降も同様のニュアンスで。

8
mf
た ーあおぞ ーら に さえず り ーながら ことり
さえず り ーながら ことり
11
mp
た ちー たのし そうに とん でー い る どん
た ちー Uh とん でー い る どん
2
14
かが やきながら ひかりを ー ーあび
な ことにも とらわ れ ず ひかりを ーあび
な ことにも とらわ れ ず ひかりを ーあび

て
て きみ が ーきみで あること をー ー よろ
て きみ が ーきみで あること をー ー よろ
3
こ びーうたい いきてい る ー ぼくはおそれ まよいなが
こ びーうたい いきてい る ー ぼくはおそれ まよいなが
ら なにを さがして いる ーのだろう ー ぼく
ら なにを さがして いる ーのだろう ー ぼく

26
が ーぼくで あるこ と の いみを じぶん に といな が
が ーぼくで あるこ と の いみを じぶん に といな が
29
rit.
a tempo
ら ー
mp
ら ー
ころ
ff
rit.
a tempo
4
33
p
んだ ぼくの てのし たに ー ちいさ な はなが さいてい
mp
p

36
mf
p
たおれた　ーはなは　ぼくの　てをー　しんぱい
た　たおれた　ーはなは　ぼくの　てをー　Uh
39
5
mf
そうに　みつめーてた　ちぎれた　ーきみの　はなび
みつめーてた　ちぎれた　ーきみの　はなび
42
p
f
らは　ぼくの　きずぐちに　ふれ
らは　そっとぼくの　きずぐちに　ふれ

て　つつんで　ほほえ　ん　だー　じぶ　ん　をーあかく　そめなが
て　つつんで　ほほえ　ん　だー　じぶ　ん　をーあかく　そめなが
ら　ー　ぼくはきみと　であうため　に
ら　ー　ぼくはきみと　であうため　に
ころんだのかも　しれない　ね　ー　きみ　の　やさしさ　しるた
ころんだのかも　しれない　ね　ー　きみ　の　やさしさ　しるた

54
め に一 きずを おっ たのかも しれな い ね
め に一 きずを おっ たのかも しれな い ね
7
57
p
おそれ まよい ころんでも いまは きっ と それで い
p
おそれ まよい ころんでも いまは きっ と それで い
p
60
ff
い 一 きみ が きみであ る一こと が
ff
い 一いまは ぼく が ぼくであ る一こと
ff

63
mf
ff
それが　なによ　り　たいせつ　きみ　が　きみをいきるーこと
が　それが　なによ　り　たいせつなー　こ　と　ぼく
66
がぼくをいきるーことが　それが　なによりそれが　なによ
が　それが　なによ　り　それが　なによ
69
り　す　て　き　な　こ　と　ー
り　す　て　き　な　こ　と　ー　いき
mp

72
mp
いきる　きみを　ぼくらは　ーいま
るぼくを　ーぼくらは　ーいま
75
f
ときのなかで
f
ときのなかで
f
mp
78
p
rit.
m
pp
ー m
pp
m
p
ー m
pp
m
rit.
p
pp

Friends

栂野知子 作詞・作曲

メッセージ

一緒にいるだけで元気になれる、力を奮い立たせてくれる、そんな友達は宝物ですよね。たくさんの仲間との出会いや会話を、大いに楽しんでほしいと思います。リズムにのって、明るくポジティブな気持ちを表現してみてください。
（栂野知子）

一、流れる雲を見送りながら
時が過ぎるのをただ待っていた
本気を出して傷つくのなら
昨日までの僕を続ければいい

だけど　君に出会ったあの日から
心が動き出した

君の姿　君の笑顔　君の言葉が
いつだって力をくれるから
目をそらすばかりで　つかめなかったもの
今から探しに行《ゆ》くよ

二、言葉の渦に巻き込まれそう
何が本当かよくわからない
答えをすぐに決められなくて
あいまいにしながらすり抜けてきた

だけど　君と話したあの時に
心に誓ったんだ

君の姿　君の笑顔　君の言葉が
いつだって力をくれるから
誰かと違っても　自分らしくいたい
そこから始めてみよう
明日《あした》も君と歩きたいから

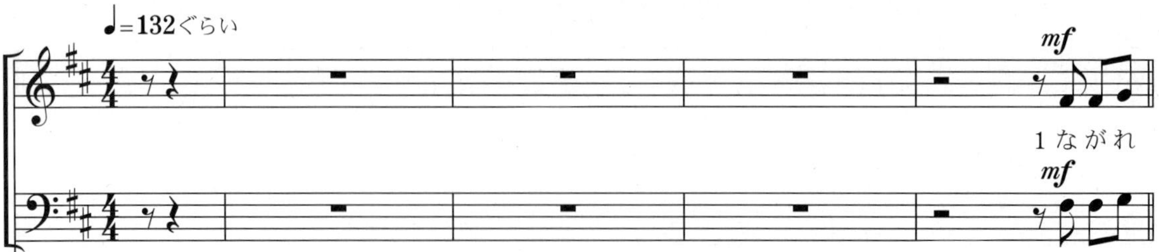

5
る くも を みおくりながらー とき
の うずに まきこまれそうー なに
9
がすぎるの をーただまーっていたー ほんき
がほんとう かーよくわからないー こたえ
13
を だして きずつくのならー きの
を すぐに きめられなくてー あい

17
mp
う ま で の ぼ くをー つづ け れ ば いい ー だけど
ま い に し な がらー すり ぬ け て きた ー だけど
21
mp
mf
ー きみに で あ ーっ た あ の ひ か ら ー こ
ー きみと は な し た あ の と き に ー こ
だけどー Uh
だけどー Uh
25
f
ff
こ ろがー う ご き だ し た ー
こ ろにー ち か ーっ たん だ ー
きみの す がた きみの

えがお きみのことばがー いつだーってーちか
らをくれるからー
めを そらすばかりで
だれかとちがーっても
ー つか めなかったもの ー いま からー さが
ー じぶ んらしくいた いー そこ からー はじ
いまからさが
そこからはじ

42
1.
しにゆくよー ー
めてみよう
しにゆくよー ー
めてみよう
mf
46
mf
2ことば ー
2.
poco rit.
50
ff
ー あし たもー あるきたいから ー ー
ー きみと あるきたいから ー ー
poco rit.
ff

僕らの奇跡

梅野知子 作詞・作曲

メッセージ

人を信じるには強い意志が必要です。だからこそ、信じてもらうことにも大きな責任が伴います。でも、その思いに応えようとする中で、人は変わることができるのです。思いを伝えることや受け止めることの大切さを考えながら、歌ってみてください。　（梅野知子）

一、信じることを決めた日から　心が軽くなった
これからは迷わず　君を見ていられるから

伝える言葉の　重さ噛《か》みしめながら
自分のことごまかさず　顔を上げていたいんだ

信じ抜く強い気持ち
それが人を変えるのなら
この思い　君に届けるよ
僕らの奇跡を　今　起こしてみせる

二、信じていると言われた時　心が痛くなった
傷つくこと恐れて　逃げてばかりだったから

伝わる言葉に　胸を締めつけられて
このままじゃいけないと　初めて気づいたんだ

壊れかけた僕の気持ち
見つけてくれてありがとう
その思い　胸に抱きしめて
僕らの明日《あした》へ　今　歩き始めよう

誰かのこと思う気持ち
僕も温めていくから
この思い　君に届けるよ
明日が奇跡で　また　あふれるように

8
poco cresc.
たこれーからはーまよわずきみをみていられるから
たきずつくことーおそれてにげてばかりだーったから
poco cresc.
poco cresc.
12
div. mf
ーつたえるーことばのーおもさかみし
ーつたわるーことばにーむねをしめつ
mf
つたえるーーことばのーおもさーかみし
つたわるーーことばにーむねをーしめつ
mf
16
mp
mf
cresc.
めながらーUhかおをあげていたいん
けられてーUhはじめてーきづいたん
cresc.
めながらーじぶんのことーごまかさずー
けられてーこのままじゃーいけないとー
cresc.

20
1.
だ しんじ ぬくー 一つよい き もち そ
だ こわれ
24
れがひとをかえる の なら この おもいーきみにとど け るよ ぼく
おもい とど け るよ
28
2.
らのきせきを い ま おこしてみせ る かけたー ーぼくの
mp

32
き もち み つ け て く れ て あ り が と う その お も い ー む ね に だ き
お も い だ き
36
più f
し め て ぼ く ら の あ し た へ い ま あ る き は じ め よ う だ れ か
し め て
41
più f
の こ と ー ー お も う き も ち ぼ く も あ た た め て い く か ら この

45
おもいーきみにとどけるよ　あしたがきせきでまた　あふれるよう
おもい　とどけるよ
49
に
rit.
rit.
mp

花咲け歌の力

渡瀬昌治 作詞／松井孝夫 作曲

メッセージ

東日本大震災のとき、「歌の力」によって被災された人々の心が癒やされるのを目にしました。「歌の力」、とりわけ「合唱力」は、学校生活で人と人とをつなぐ役割を果たしています。常日頃から感じることのできる、歌い合わせることの「すばらしさ」やその「力強さ」を、この曲を通して思い切り表現してもらえたらうれしいです。

（松井孝夫）

歌はいつも心の中にいる
歌はいつも心を照らす鏡

悲しい時　さびしい時　なぐさめてくれた
うれしい時　楽しい時　共に喜んでくれた
歌は心を励ます希望のひかり
歌がわたしに勇気をくれた

歌は多くの心を教えてくれる
互いを大切にする
認め合える心育てる
あすへの希望乗せ夢がふくらむ
歌は心のハーモニー

心ふるわせ　歌を奏《かな》でると
その声は人の心を奮い立たせる

輝け　歌の力
花咲け　歌の力

歌は心を素直に表してくれる
幸せ運んでくれる
思いやりの心育てる
あすへの活力のとびら開《ひら》くよ
歌は心のメッセージ

心一つに　絆《きずな》深まると
その魂　人の心に響き渡るよ

輝け　歌の力
花咲け　歌の力

B
p
かなしいとき　さびしいとき　なぐさめてくれた　ー
O
O
div.
mp
うれしいとき　たのしいとき　ともによろこんで　くれた
うたはこころを　はげますきぼう　の　ひかり

うたがわたしに　ゆうきを　くれた
C
♩≒84 いきいきと
O
うたはおおくの　こころをー　お
うたはこころを　すなおにー　あ
うたがわたしに　ゆうきを　くれた
U　お
U　あ
しえてー　くれる
らわして　くれる
たがいをたいせつ　に　するー　み
しあわせはこんで　く　れるー　お
しえてー　くれる
らわして　くれる
あす　への　きぼうのせ　ゆめ　が　ふくらむ
あす　への　かつりょくの　とび　ら　ひらくよ
とめあえるこころ　そだてるー　O　うた
もいやりのこころ　そだてるー　O　うた
あす　への　きぼうのせ　ゆめ　が　ふくらむ　うた
あす　への　かつりょくの　とび　ら　ひらくよ　うた

（小音符は２回目のとき）
38
unis.
div.
cresc.
は　こころのー　ハーモニー　ー　ここ ろ　ふるわせー　うたを　か な で るとー　その
は　こころのー　メッセー　ジ　ここ ろ　ひとつにー　きずな　ふ か ま るとー　その
は　こころのー　ハーモニー　ー　O
は　こころのー　メッセー　ジ　O
42
f
cresc.
こえは ー　ひとのこ　こ ろを ー　ふるいた　た せ るー
たましいー　ひとのこ　こ ろに ー　ひびきわ　た る よー
か
そのこえは ー　ひとのこ ころを ふるいた　た せ るー
そのたましいー　ひとのこ ころに ひびきわ　た る よー
D
46
が やけー　う た　の　ち か　ら　は
か が やけう た　の　ち か　ら

50
1.
なさけー　うたの　ちから
はなさけー　うたの　ちから
1.
mf
55
poco rit.
2.
ら
ら
poco rit.
2.
60
Coda
か
の　ちから
D.S.
うたの　ちから
Coda
3
3
D.S.
rf

幸せのバトン

吉野莉紗 作詞／松井孝夫 作曲

メッセージ

「幸せのバトン」とは何でしょう。詩を読んでいくと、このタイトルの意味がだんだん分かってきます。誰かに「ありがとう」と言うのはうれしいし、言われると気持ちがいいものです。その言葉の連鎖が「幸せを呼び、心をつなぐメッセージになっていく」ということを、この歌を通して伝えたいです。　　（松井孝夫）

一、いつも隣にキミがいる
目を見ただけで　通い合う
心の扉　開《ひら》けるよ
煌《きら》めく毎日　虹色の日々
楽しい時は　早く過ぎてしまう
この一瞬　今しかない時間(とき)を
大切に　共に歩んでゆこう

※
ありがとう　心をこめて
ありがとう　キミに言うよ
照れくさいけれど
たった五文字で心をつなぐ
幸せのメッセージ　伝えよう

二、いつも隣にキミがいた
喧嘩《けんか》する日も　あったよね
謝ることも　不器用で
不安な一日　灰色の日々
苦しい時こそ　早く過ぎてほしい
一歩ずつ　今できることから
前向いて　共に進んでゆこう

ありがとう　愛をこめて
ありがとう　笑顔で言うよ
照れくさいけれど
たった五文字で心をつなぐ
幸せのメッセージ　届けよう

なぜだろう　今日は空が澄み切って見えた
幸せのバトン　どこまでも
どこまでも

※繰り返し

（小音符は２番のとき）
9
みただけでー　かよいあうー　こころのとびらー　ひら
かするひもー　あったよねー　あやまることもー　ぶき
12
mf
div.
けるよー　きらめく　まいにちに　じいろのひび　た
ようでー　ふあんな　いちにちは　いいろのひび　く
mf
Oh
Oh
mf
Oh
15
のしいー（ッ）ときはー　はやくー　ーすぎて　し　ーまう
るしいー　ときこそー　はやくー　ーすぎて　ほ　ーしい
この
いっ（ッ）
この
いっ（ッ）

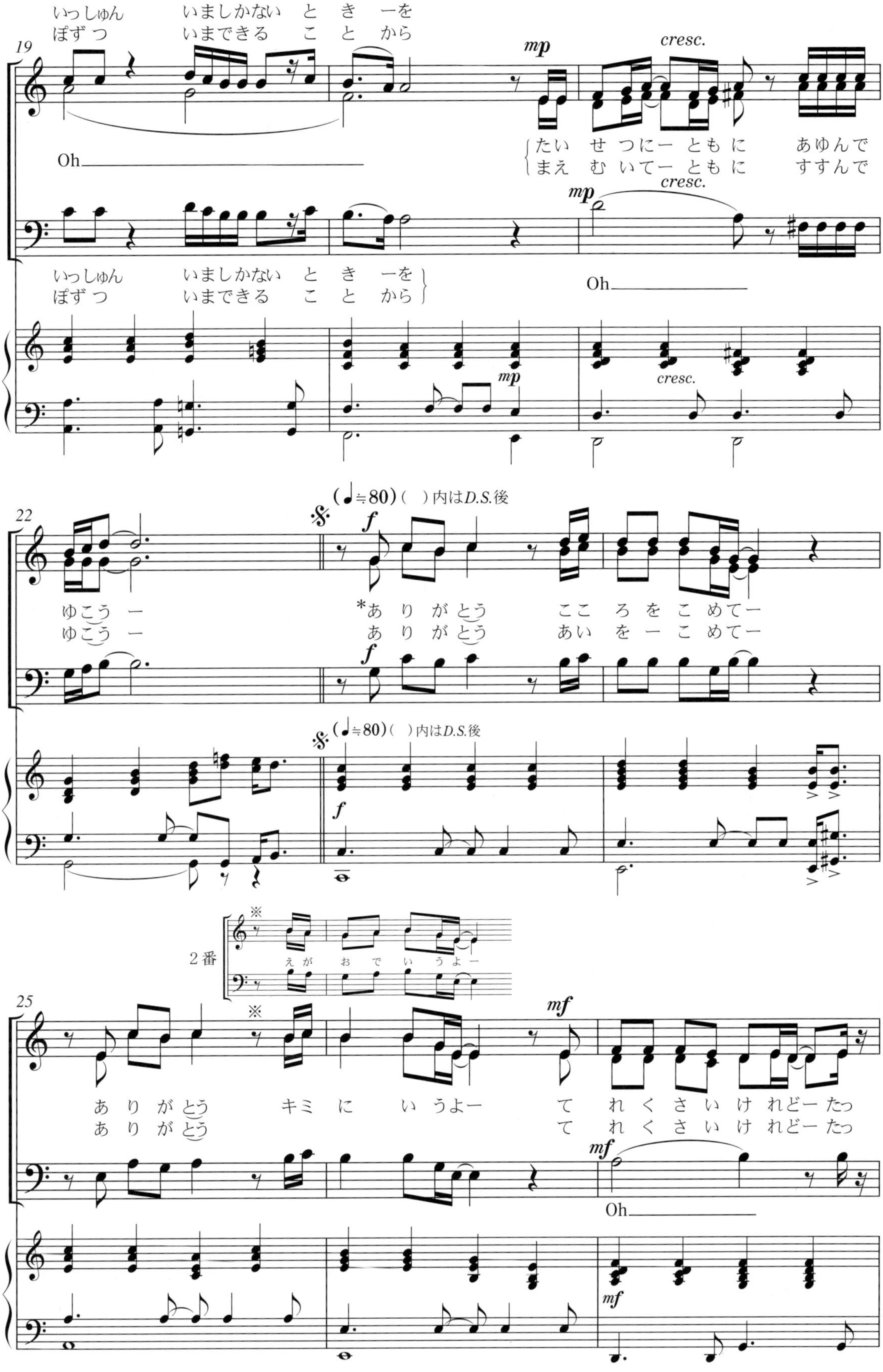
いっしゅん　いましかない　と　き　ーを
ぽず つ　いまできる　こ　と　から
Oh
たい　せ　つにー　と も　に　あゆんで
まえ　む　いてー　と も　に　すすんで
mp
cresc.
Oh
(♩≒80)（　）内はD.S.後
ゆこう　ー
ゆこう　ー
*あ　り　が と う　　こ こ　ろ を　こ　めてー
あ　り　が と う　　あい　を ー　こ　めてー
f
2番
え　が　お　で　い　う よー
あ　り　が と う　　キミ　に　い　うよー　て　れ　く さ　い　け　れどー たっ
あ　り　が と う　　て　れ　く さ　い　け　れどー たっ
mf
Oh

28
(rit.)
たごもじで
たごもじで
しあ わせの メッ セージ つたえ よ
しあ わせの メッ セージ とどけ よ
こころをつなぐ
こころをつなぐ
31
1.
poco rit.
う
mf
mp
36
2.
cresc. e accel.
♩≒84
meno f
う Oh
なぜだろう きょうは一 そ

40
mf
らが すみきーって みえたー
し あわせのバトンー どこまでも
44
f
cresc.
poco rit.
どこまでも ー（＊へ）
D.S.
𝄌 ♩≒80
cresc.
う
48
rit.
subito
mf
mp
p

まだ見ぬ明日《あした》へ

吉野莉紗 作詞／松井孝夫 作曲

メッセージ

この歌は、自分の夢をこれから見つけようとする人、また新たな夢に向かって努力している人の背中を押すことができたならと思い、つくりました。前半は、どこかおどけた雰囲気を醸し出すように、転調してからは、前向きな心持ちで、のびのびと歌い上げてください。「大切な何か」の前後では、速度や強弱など表現の工夫をしてみましょう。
（松井孝夫）

一、時に笑い　時に悲しみ
自分の説明書は　お決まり
新しい自分を見つけたい
遠回りをしてゆこう

大きく深呼吸しよう
まだ見ぬ明日へ
小さな小さな私だけど　まだまだできる気がするんだ
空を見上げて　心に手を当て　歩きだそう

二、好きな色　好きな音楽
自分の説明書は　変化なし
特別な自分を探したい
ゆっくり歩いてゆこう

大きく深呼吸しよう
まだ見ぬ未来へ
小さな小さな私だけど　まだまだ輝ける気がする
空を見上げて　心に手を当て　歩きだそう

大切な何かを求めて　人は旅する
誰かがそれを無謀だといっても
まだ見ぬ明日へ　まだ見ぬ未来へ
歩きだそう

じぶんのー　せつめいしょは　おきまり
あーたらしい　じーぶんを
とーくべつな　じーぶんを
みつけたい
さがしたい
とおまわりをしてー　ゆこうー　ーーー
ゆっくりあるいてー　ゆこうー　ーーー
unis. mf
おおーきくー　しんこきゅうしようー　まだみぬ
おおーきくー　しんこきゅうしようー　まだみぬ
div.
あしたへ
みらいへ
mf
あしたへ
みらいへ
mf

16
あ し たへー ちい さ な ちい さ なー わ た し だ けどー まだ
み ら いへー ちい さ な ちい さ なー わ た し だ けどー まだ
19
まだできる きがー するんだ ー
まだかがや けるー きがする ー
そ ら を み あ げ
22
て こころにてをあ て あるきだ そう ー

26
rit.
sub.p
30
a tempo
2すきないろ
34
すきなおんがくー
じぶんのー
せつめいしょは
へんかなし
D.S.

Coda
37
rit.
♩≒66
たいせつななにかを もとめてー ひと
Coda
rit.
♩≒66
decresc.
40
は たび するー だれ かが それをー むぼう だと いってもー
43
accel.
Tempo I
まだみぬあした へ
まだみぬあした
accel.
Tempo I
sub.p
molto

47
cresc.
ff
まだみぬみらい へ ー あるきだ そう ー
cresc.
ff
へ まだみぬみらい へ
cresc.
ff
51
f
mf

砂漠の奇跡

まはる 作詞／八木澤教司 作曲

メッセージ

南アメリカの砂漠には雨が降った年にだけ咲く奇跡の花があるそうです。その花を讃《たた》えたこの詩から影響を受けて作曲しました。私たちも自然に負けないよう、自分自身の目標を見つけて花を咲かせたいですね。そんな前向きな気持ちで歌ってほしい曲です。　（八木澤教司）

燃える太陽　雲をのみこんで
やけつく陽射《ひざ》し　大地をこがす

世界のかたすみ　かなしみ抱え
みまもる大空　祈りをこめて
砂漠になみだの雨ふりそそぐ
まっかな生命《いのち》の花咲き誇れ

大地ふかくに　生命をやどし
力の限り　地上を目指せ
砂の海裂き　ほこりにまみれ
花よ、芽を出せ　砂漠の奇跡

満天の星　月をのみこんで
いてつく夜空　大地が震う

世界を抱きしめ　愛そそぎこみ
みまもる大空　人知れず泣く
空からなみだの雨ふる時は
砂漠に生命の花咲き誇る

大地ふかくに　生命をやどし
力の限り　地上を目指せ
砂の海裂き　ほこりにまみれ
花よ、芽を出せ　砂漠の奇跡

9
mf
f
を のみこんで やけつくひざし だい
を のみこんで いてつくよぞら だい
mf
f
mf
f
13
mp
B
ち をこがす せかいのかたすみかな
ち がふるう せかいをだきしめあい
mp
mp
17
しみかかえー みまもるおおぞら いの りをこめてー さば
そそぎこみー みまもるおおぞら ひと しれずなくー そら

20
mf
mp
mf
く に なみ だの あ め ふ り そ そ ぐー まっ かな いの ち の は な
か ら なみ だの あ め ふ る と き はー さば くに いの ち の は な
mf
mp
mf
mf
mp
23
f
C
さ き ほ これー
さ き ほ こるー
だ い ち ー ふ か く に い の ち を や ど
f
La La だ い ち ふ か く に い の ち を や ど
mf
f
ち か ら の か ぎ り
27
mf
し ー ち か ら の か ぎ り ち じょ う を め ざ
mf
し ち か ら の か ぎ り ち じょ う を め ざ
mf

31
せ すな の ーうみさ き ほこ り に ま み
せ ーーー La La すなの うみさき ほこ り に ま み
35
はな よ めをだ せ さば く のき せ き
poco a poco cresc.
れ ー は な はなよ めをだせ さば く の き せ き
れ はな よ め を だ せ さば く のき せ き
1.
2.
40
き
rit.
き さば く の き せ き
き
8va bassa

「ありがとう」感謝の言葉

神　詩音 作詞／貫輪久美子 作曲

メッセージ

前奏から[A]までは、のびやかさを保ちながらテンポの滑らかな切り替えを意識してください。[B]からは走りすぎないように。[C]では転調で視界が一層広がるようなイメージで。何げないふだんの「小さなありがとう」や、例えば離任式、クラス替えなど学校の中での「別れとありがとう」。折々での「感謝」が伝わる「ありがとうのハーモニー」になりますように。（貫輪久美子）

「ありがとう」感謝の言葉
「ありがとう」伝えたい言葉
「ありがとう」感謝の言葉
届けたい言葉

あなたの励まし
仲間の絆《きずな》
家族の支え
励ましが勇気に
絆が強さに
支えが力に

いま感謝の花束をあなたに
いま心の花束をあなたに
感謝の心を花束に託して

「ありがとう」感謝の言葉
「ありがとう」伝えたい言葉
「ありがとう」感謝の言葉
届けたい言葉

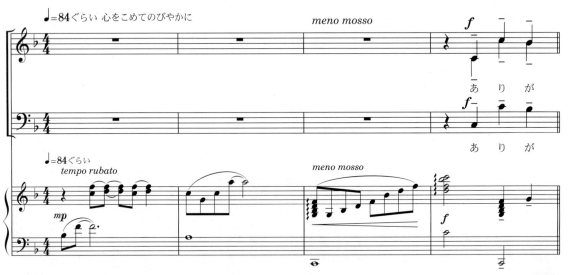

A
5
♩=100ぐらい
ことば
ありが
とう
かんしゃの ことば ー かん しゃ の こ と
とう
かんしゃの ことば
ありが
♩=100ぐらい
9
とう
あ
mf
ば ありがとう つたえたい ことば
とう つたえたい ことば
(V)
こ とば ー
13
り がとう かんしゃの こ と ば
f
mf
ありがとう こ と ば とど け たい
mf
f
とどけ
mf
f

18
rit.
mf
accel.
こ と ば
た一い こ と ば
22
B
♩=120ぐらい
あ な た の は げ ま し 一
な か
26
poco a
か ぞ く の さ一 さ え
は げ ま し
ま の きず な 一
さ一 さ え

31
poco cresc.
さ
が ーゆうき に きずな が つよさにー
poco cresc.
poco a poco cresc.
35
さ えがー
ささえ が ち か ら に
f
い
C
39
f
い
かんしゃ の はなたばを あなたにー ー
ま はなたばを あなたにー
f

43
ま　はなたばをあなたに　かんしゃの
こころの　はなたばをあなたに　あなたに
かんしゃの
47
たくしてー
こころを　はなたばに　たくしてー
こころを　はなたばに　たくしてー
D
51
mf
ことば
ありがとう　かんしゃの　ことばー　かん
mf
ありがとう　かんしゃの　ことば
mf

ありが とう
しゃのこ と ば ありが とう つたえたい ことば
ありが とう つたえたい ことば
ありりがとう かんしゃの
cresc.
ありがとう こ と ば とど
ことばー
けたい こと ば
f
mf
rit.
とどけ たーい こと ば
8va
loco
mp

響け絆《きずな》の歌～合唱コンクールに捧《ささ》げる～

渡瀬昌治 作詞／大田桜子 作曲

メッセージ

中学生の皆さんが、深い思いとエネルギーを込めて歌い合うクラス合唱。合唱は一人ではできない、そしてここに響くハーモニーは二度と聴くことができない。今、共に過ごした仲間と歌い合う喜びを、高らかに歌い上げてください。

（大田桜子）

一、
響け歌声　響け絆の歌
歌は創り上げてきた結晶
歌は創り上げてきた絆

ひとつひとつの言葉に想《おも》いをのせて、ここに力強い歌声を響かせる
ひとつひとつの言葉に心を込めて、ここに積み上げた絆を響かせる

心をひとつにして歌う歌は、太陽の輝き
心をひとつにして歌う歌は、仲間との思い出

ここにクラスの絆をいま響かせる
心の詰まった歌はきっと届く
ここにクラスの絆をいま響かせる
想いが詰まった歌はきっと伝わる

二、
響け歌声　響け絆の歌
歌は築き上げてきた団結
歌は築き上げてきた証《あかし》

ひとりひとりの想いを歌に託して、ここに築き上げた歌声を響かせる
ひとつひとつの言葉に絆をのせて、ここに喜びの叫びを響かせる

みんなで築き上げたこの絆は、星たちのきらめき
みんなで築き上げたこの絆は、一生の思い出

ここにクラスの絆を信じて歌う
絆の詰まった歌はきっと届く
ここにクラスの絆を信じて歌う
絆の詰まった歌はきっと伝わる

響け歌声　響け絆の歌

※Bass パートを省いて混声三部合唱で演奏することもできます。

(小音符は２番のとき)
16
ひと
ひと
ちからづよいうた ごえを ひびかせ る ー ー
きずきあげたうた ごえを ひびかせ る ー ー
div.
unis.
ひと
ひと
20
つ ひとつのこと ばに
つ ひとつのこと ばに
f
ひ と つ に こころをこめ て ここに つみあげた きず
ひ と つ に きずなをのせ て ここに よろこびの さけ
f
つ ひとつのこと ばに
つ ひとつのこと ばに
f
24
♩≒102
mp
な を ひびかせ る こころをひとつに
び を ひびかせ る みんなできずきあ
♩≒102
mp

28
mf
mp
して　うたうう　たは　たいようの　かがやきー　こころをひとつに
げた　このきず　なは　ほしたちの　きらめきー　みんなできずきあ
32
f
してうたうう　たは　なかまとの　おもいでー　ー　ー　ここに
げた　このきず　なは　いっしょうの　おもいでー　ー　ー　ここに
36
クラスのきず　な　を　いま　ひびかせる　ー　こころ
クラスのきず　な　を　しん　じてうたう　ー　きずな
ここに　きず　なを
ここに　きず　なを

40
のつまっ た うた は きっ とと ど く ー ここに
のつまっ た うた は きっ とと ど く ー ここに
1.
44
mf
クラスのきずな を い ま ひ び か せ る おもいが
div.
mf
いま
1.
mf
48
f
つまっ たうたは きっ と つた わ る 2ひび
♩≒86
f
unis.
f
♩≒86
f

52
2.
クラスのきずなをしんじてうたう
div.
56
mf
きずなのつまったうたはきっとつたわるひび
f
ff
60
allargando
けうたごえひびけきずなのうた
8va

地球誕生

渡瀬昌治 作詞／大田桜子 作曲

メッセージ

歌詞の変化とともに音楽もどんどん変わっていきます。神秘的な部分から始まり、歴史、平和、決意、未来へと展開します。それぞれの場面のイメージをしっかりとつかみ、思いを込めて歌ってください。　（大田桜子）

土の中から顔を出した新芽
生まれたばかりの雛《ひな》
産声《うぶごえ》をあげた希望の星
ここは君たちが創り上げていく世界

この世は苦悩の歴史
迷い続ける世界
争いの絶えない世界
自然との闘い
悩める地球が君を包み込む

新しい命が世界を変える
笑顔が生まれる世界
人と人が手を繋《つな》ぐ世界
希望に満ちあふれた世界
新しい命が世界を包み込む

いま私たちにできることがある
地球の歴史と正面から向き合い
尊い何かを探し求める
生まれてこれた喜びに感謝し

認め合い助け合うこと
信じ合い助け合うこと
人はひとりでは生きていけないのだから

♩≒112
B 苦難の歴史
unis. mf
きみたちが つく りあげていくせか い このよは
div.
くのうの ーれきしー ー まよいーつ ーづけるー
せかい ー しぜんとの
あらそいの ーたえないせ かいー

25
たたかい　なやめるー　ちきゅうがきみをつつみこ
div.
29
rit.
♩≒96
C 平和な世界
unis.
mp
むーーあたらしいいのちが
8va
34
div.
せかいをかえる　えがおがうまれるせかい

39
mf
ー　ひ と　と　ひ と が　て　を　つ な　ぐ　せ　か　い　きぼう
div.
44
f
に　み ち あ ふ　れ た せ か い　あ た ら し い　い の ち　が　せ か い を つ つ
♩≒80
D 生きる決意
49
み　こ　む　い　ま　わ た　し　た ち に　で き る こ と が　あ　る
い

55
ちきゅうの　ーれきしと　しょうめんから　ーむき　あ　い　ー
mf
f
ま　い　ま　い　ましょうめんから　ーむき　あ　い
60
mf
うまれてこれ　た　よろこ
mp
mf
とうと　い　なにか　を　さがしもとめ　る
mp
mf
♩≒104
E 人の生きる道
66
f
び　に　かんしゃし　ー　みとめ　あ　い　たすけ　あ　う　こ
f
♩≒104
f

71
と　ー　しんじ あい　たす け あ う こ と
76
ー　みとめ あ い ーたすけ あ う こ と　しんじあ い　たすけあうこと
みとめあ い ー　しんじ あ い　たすけ あ う ーこと
81
♩≒80
rit.
ひとはひとりで は いきて いけ ないの だ か ら
Uh　ひとりで は いきて いけ ないの だ か ら
Uh　Ah　だ か ら
♩≒80
rit.
sub.p

この曲集のCDが発売されています。

New Song ライブラリー【混声編❷】
クラス合唱新曲集
地球誕生

定価（本体2,800円＋消費税）
GES-15251
ISBN978-4-87788-765-0 C6873

New Song ライブラリー【混声編❷】
クラス合唱新曲集　地球誕生

2016年6月15日　第1刷発行
2019年7月10日　第2刷発行

編集者　**渡瀬昌治**

発行者　株式会社 **教育芸術社**（代表者　市川かおり）
〒171-0051 東京都豊島区長崎1-12-15
電話03-3957-1175（代表）　03-3957-1177（販売部直通）
http://www.kyogei.co.jp/

表紙・本文デザイン／松倉　浩
印刷／新日本印刷　製本／ヤマナカ製本

ISBN978-4-87788-764-3 C3073